LA

VRAIE QUESTION

PARIS. — IMPRIMERIE PILLET FILS AÎNÉ

RUE DES GRANDS-AUGUSTINS, 5.

LA VRAIE QUESTION

PAR

M. LE BARON DE FONTARÈCHES

Ancien Membre du Conseil général du Gard

AUTEUR DE

MONARCHIE ET LIBERTÉ

ET DE

RÉVOLUTION ET DESPOTISME

PARIS

E. DENTU, LIBRAIRE-ÉDITEUR

PALAIS-ROYAL, GALERIE D'ORLÉANS, 13 ET 17

—

1862

LA VRAIE QUESTION

Tout est question aujourd'hui pour le monde politique : question d'Italie, question d'Orient, question polonaise, question allemande, question d'équilibre, d'indépendance, de dynastie, de nationalité, de liberté, de pouvoir, de guerre, de paix, questions de toute sorte qu'il ne peut éviter et qu'il est incapable de résoudre, questions plus ou moins menaçantes contre lesquelles il semble craindre de se briser au premier choc, et au travers desquelles, comme un astre errant égaré dans l'espace, il cherche péniblement sa voie, sans boussole pour la lui indiquer. On dirait qu'il se sent fatalement entraîné vers l'abîme, et que toute son habileté, toute son énergie ne peuvent tendre qu'à retarder l'instant où il doit y tomber.

D'où viennent cette impuissance, ou cet aveuglement, ou cette défaillance ? c'est que le monde politique a fermé les yeux pour ne pas voir, au-dessus de toutes ces questions qui le préoccupent, et qui, quelque redoutables qu'elles puissent être, ne sont que des accidents secondaires, une question plus grande que j'appellerai la question des questions, parce que sa solution impliquerait la solution de toutes les autres ; et cette question capitale, cette question inaperçue, est la question du *droit*.

Quand le droit, en effet, n'est plus la règle de la politique, elle ne trouve devant elle que des faits variables, des intérêts égoïstes, et des passions aveugles qu'elle est condamnée à satisfaire, et qu'elle ne satisfera jamais. Les faits engendrent des faits contraires, les intérêts suscitent d'autres intérêts, les passions provoquent d'autres passions. Reconnaître et flatter les faits, les intérêts et les passions du moment, ce n'est pas échapper à ceux du lendemain, c'est au contraire se rendre plus impuissant à les dominer, ce n'est pas résoudre les questions qu'ils soulèvent, c'est, au contraire, en augmenter les embarras, les exigences et les difficultés.

Dans deux précédentes études, *Monarchie et Liberté, Révolution et Despotisme*, nous avons bien touché à cette question du droit ; mais dans la première nous ne l'avons envisagée qu'au point de vue de la monarchie française, et dans la seconde au point de vue de la liberté des peuples foulée aux pieds partout par la révolution, et des conséquences sociales dont la tyrannie révolutionnaire menace le monde.

Il nous a paru aujourd'hui qu'une étude exclusivement consacrée au droit politique comme base de toutes les constitutions européennes, comme lien nécessaire de toutes les souverainetés, comme élément fondamental de toute conservation sociale, aurait son à-propos; et après avoir jeté un rapide coup d'œil sur son origine, ses progrès, sa défaillance et sa perte, nous avons essayé de montrer le vide immense qu'en disparaissant il a laissé dans la société, les dangers auxquels il l'a livrée, et l'indispensable nécessité pour l'Europe de se replacer sous son égide pour échapper à une complète dissolution.

I

Dans l'ancienne Europe constituée chrétienne-
ment il y avait un droit public, un code commun
de morale politique, qui était la base de toutes
les constitutions nationales, les rendait en principe solidaires les unes des autres, et servait de
règle dans l'appréciation des perturbations locales
auxquelles les peuples pouvaient être exposés. —
Fondé sur le Christianisme, ce droit, sans méconnaître la distinction des nationalités diverses,
sans rejeter aucune des formes sociales sur lesquelles elles s'étaient établies, sans arrêter leur
développement particulier, avait fait de l'Europe
un tout politique qui, pénétré partout de la séve
chrétienne, animé partout de l'esprit chrétien,
s'appelait la *chrétienté*. Nulle république, nulle
monarchie qui n'adoptât cette devise par laquelle
Constantin avait proclamé la victoire du christianisme sur le monde païen : « *Christus vincit,
christus regnat, christus imperat.* »

Or l'idée chrétienne du droit ayant été ainsi
substituée dans la politique à l'idée païenne de
la force, le droit était toute la raison du comman-

dement et de l'obéissance ; tout pouvoir, électif ou héréditaire, avait besoin d'être légitime pour être reconnu, il n'avait pas besoin d'être fort, et les petits Etats étaient couverts par la même égide morale que les grands. C'est ce qui explique la longue existence de tant de faibles souverainetés, républicaines ou monarchiques, à travers des siècles que l'histoire nous montre presque toujours et partout travaillés par des passions violentes, de cupides ambitions, des compétitions ardentes, des guerres, des conquêtes, des envahissements injustes, par tous les désordres enfin d'une civilisation naissante en lutte contre une vieille barbarie. Dans cette lutte le droit pouvait recevoir des atteintes partielles et locales ; on en voit de nombreux exemples dans ces temps d'élaboration sociale où tout était troublé par la confusion des choses et des passions humaines ; mais alors on subissait la force sans y croire, et l'on violait le droit en y croyant toujours ; et comme il était la base de toutes les constitutions européennes, comme il restait profondément empreint dans le cœur même de la société, le calme revenu, il reprenait tout son empire, il se retrouvait vivant après les plus grandes agitations, et formait toujours le lien par lequel tous les peuples chrétiens, les plus indépendants dans leur autonomie, et si divers qu'ils fussent par la forme de leurs gouvernements, relevaient tous de cette grande unité sociale de la *République chrétienne*.

La féodalité, quelles qu'en aient été la cause et l'origine, les effets immédiats et les résultats lointains, quelque jugement que l'on puisse en porter comme institution politique, fut une vaste application de l'idée du droit à toute l'organisation sociale, depuis la base jusqu'au sommet; ce fut sa diffusion sur toute la surface du sol. Cette multitude de souverainetés secondaires s'échelonnant les unes au-dessus des autres, et se rattachant les unes aux autres par les liens du vasselage, formèrent une graduation de devoirs correspondant à une graduation de droits. La plus faible seigneurie eut ses droits tout aussi bien que la plus puissante, et la plus puissante eut ses devoirs tout aussi bien que la plus faible; chacune devait l'hommage à celle dont elle relevait, et ne le devait à nulle autre; ce n'était pas la force qui réglait cet hommage, c'était le droit, et quelquefois le puissant le devait au faible, tant l'idée de la force avait fait place à celle du droit. L'histoire nous montre des vassaux plus puissants que leurs suzerains; s'ils cherchaient par la force à se soustraire à un hommage qui les humiliait, c'était félonie, et l'opinion publique les flétrissait; s'ils niaient d'y être tenus, c'était une question de justice à débattre et il y avait des tribunaux pour en décider, mais ils ne niaient pas le droit de suzeraineté.

Si chaque seigneurie avait ses droits et ses devoirs vis-à-vis des autres seigneuries, elle avait aussi ses droits et ses devoirs vis-à-vis de ses propres sujets. Ces droits et ces devoirs résultaient ou des chartes particulières qui les avaient établis, ou de la loi générale qui les imposait à tous. L'arbitraire n'était qu'un fait de violence, la loi féodale ne le sanctionnait pas, et la législation publique le punissait, car au-dessus de tout cet échafaudage il y avait la justice suprême du roi.

Telle était la théorie de ce système de féodalité. Nous n'ignorons pas tous les abus de la pratique en des temps où l'autorité publique ainsi éparpillée se trouvait si souvent impuissante à contenir les violences et les usurpations. Nous avons voulu montrer seulement par cette rapide esquisse combien la notion du droit était alors vivace au milieu même des emportements de la force et des désordres d'une société en travail d'organisation.

Cependant, à défaut d'une autorité royale assez forte pour s'imposer à tous et faire prévaloir partout le droit contre la force, il fallait à ce droit un refuge contre les coups de la violence; il lui fallait un tribunal assez haut placé dans le respect de tous les peuples pour dire à la force brutale : Tu n'iras pas plus loin, et au droit lui-même dans les écarts où la lutte continuelle de ces temps orageux pouvait l'entraîner : Voilà tes limites.

Au moyen âge l'instinct des peuples chercha ce refuge et ce tribunal dans la Papauté qui, interprète de la loi divine, règle suprême de tout droit, se présentait comme la seule puissance morale capable d'opposer une efficace résistance à toutes les injustices. — C'est ainsi que la Papauté apparut bientôt comme la tête du grand corps politique de la chrétienté ; tous les peuples et tous les rois recoururent à elle dans leurs contestations : l'histoire est remplie de ces appels.

Ce n'était pas ses moyens matériels qui lui avaient valu ce rang ; comme Etat, l'Eglise romaine était au nombre des plus faibles ; sa domination était toute morale ; ce n'était pas par les armes que les papes pouvaient intervenir efficacement dans les luttes de la politique ; les exemples que l'histoire nous en montre sont de rares exceptions ; leur puissance venait de leur tiare et non de leur couronne. Mais pour que cette domination morale fût partout respectée et obéie, il fallait bien que partout une autre idée que celle de la force prévalût dans l'esprit de tous ces peuples, quelque emportés qu'ils fussent le plus souvent par la rudesse de leurs mœurs et la brutalité de leurs passions. Cette idée, répétons-le, était celle du droit, et c'est parce qu'elle régnait en souveraine sur les esprits, même alors que les passions en secouaient l'empire, qu'un besoin instinctif les avait portés à soumettre leur vie sociale à l'autorité d'un tribunal dépourvu de tous moyens de coercition matérielle. Sans une infiltration profonde de cette idée dans toutes les veines du corps social, la suprématie de l'Eglise dans la politique au moyen âge serait un phénomène historique inexplicable. Un Pontife pouvant lutter par sa seule parole contre de grands monarques et de puissantes armées ne peut se concevoir que dans un milieu social où la force n'est qu'un accident, où le droit est un principe permanent et généralement reconnu.

L'instinct des peuples ne les trompa pas; pour n'en citer qu'un seul exemple, ce qu'on a appelé au moyen âge la grande lutte du sacerdoce contre l'empire fut en réalité la lutte du droit contre la force, et la Papauté, en défendant la liberté de l'Eglise, sauva en même temps la liberté des peuples italiens qu'un puissant et ambitieux voisin voulait asservir.

II

Lá réforme protestante vint ébranler ce grand édifice de la chrétienté. Le ciment qui en faisait la force fut affaibli, des pierres nombreuses s'en détachèrent, et s'il ne croula pas tout à fait, du moins il perdit cette belle unité qui faisait l'harmonie de toutes ses parties et la beauté de son ensemble. Cependant, au milieu de cet ébranlement, si le droit européen n'eut plus cette sanction souveraine et universelle qu'il avait trouvée jusqu'alors dans le tribunal suprême de l'Eglise, il était trop profondément empreint dans la constitution particulière de chaque peuple pour ne pas survivre encore quoique mutilé.

Les principes de la réforme tendaient partout au républicanisme. La révolte contre l'Eglise entraînait naturellement les peuples à la révolte contre les rois. Le libre examen en matière religieuse conduisait fatalement au libre examen philosophique, politique et social. L'individu proclamé seul et souverain juge de la vérité dogmatique, seul et souverain juge de la morale comme de la foi, devait se croire affranchi comme citoyen du joug qu'avaient fait peser sur lui les traditions et les lois nationales. Chacun devait vouloir se faire une patrie comme une Eglise, selon son jugement ou son caprice.

Mais il n'en fut pas ainsi. — Pour la conservation des sociétés humaines, Dieu ne permet pas que les conséquences extrêmes des mauvais principes se réalisent toujours; s'il le permettait, ce serait un arrêt de mort contre ces sociétés. — L'instinct populaire chez les nations que le protestantisme avait envahies s'arrêta donc sur le chemin qui les aurait conduites à une dissolution fatale, et satisfait d'avoir répudié l'autorité de l'Eglise, il recula devant les autres émancipations dont le génie de la réforme lui montrait la perspective. Il ne voulut point l'anarchie républicaine, il voulut des rois protestants, et les souverains devenus protestants continuèrent à se dire rois par la grâce de Dieu, aussi bien que les rois restés catholiques. Par ce titre du moins ils conservèrent un des liens qui les rattachaient à la grande famille des souverainetés chrétiennes. L'hérédité royale, base de la légitimité, fut sauvée. Le droit, cet élément le plus essentiel de toute conservation sociale, cette garantie la plus puissante de la force et de la durée des empires, échappa dans sa plus haute personnification nationale à la dissolution totale dont l'esprit de la réforme l'avait menacé.

Il y eut encore un droit public européen, toutes les monarchies restèrent moralement solidaires les unes des autres, un grand principe commun continua à les unir, et, par une disposition particulière de la Providence qui veille à la conservation de la société, même lorsque la société semble le plus méconnaître sa protection, on vit ce principe du droit monarchique se développer et se fortifier davantage à mesure que la politique, se dérobant à la suprématie tutélaire de l'Eglise, allait être livrée sans contre-poids à tous les dangers des idées nouvelles qui fermentaient dans le monde. Il semble que les peuples sentirent instinctivement le besoin de se donner des pouvoirs plus forts, pour suppléer à l'autorité religieuse qui avait été jusque-là la meilleure sauvegarde de l'ordre en même temps que la balance la plus équitable où pussent se peser tous les droits. — La liberté des peuples avait perdu sa règle, le droit des souverains avait perdu sa garantie, l'exagération du pouvoir en fut la conséquence.

C'est ainsi que la réforme proclamée au nom de la liberté, et dont les tendances naturelles allaient à la suppression de toute autorité, devint au contraire le signal ou le germe de l'absolutisme dans toutes les monarchies. Les peuples protestants s'y prêtèrent pour échapper à l'anarchie. Ils livrèrent à leurs gouvernements un pouvoir plus absolu que celui de l'Eglise dont ils avaient prétendu s'affranchir. La législation de tous les Etats protestants attenta plus à la liberté dans son sanctuaire le plus sacré, celui de la conscience, que ne l'avait jamais fait celle des Etats catholiques. — L'Angleterre et la Suède sont là pour l'attester. — Ainsi le libre examen aboutissait à une intolérance religieuse armée de lois draconiennes. La réforme se donnait à elle-même un éclatant démenti.

D'un autre côté, les rois catholiques, effrayés de l'esprit de révolte évoqué par la réforme, eurent besoin pour la combattre de s'armer aussi d'un plus grand pouvoir, et les nations catholiques, entraînées dans de longues guerres contre l'hérésie, crurent trouver une plus grande force pour la lutte dans une plus grande concentration de puissance entre les mains de leurs rois.

Le despotisme de Philippe II fut le fruit de la réforme aussi bien que la tyrannie d'Henri VIII.

III

Cependant le droit monarchique ainsi conservé
et exagéré même dans les sociétés chrétiennes ne
se trouva pas à l'abri des plus audacieuses viola-
tions. L'esprit de révolte, qui l'avait respecté
comme une force nécessaire plutôt que comme
un dogme social, comme un moyen momentané
de triomphe plutôt que comme un principe permanent, fermentait toujours, et bientôt un san-
glant exemple apprit au monde épouvanté que les
rois pour être devenus plus absolus n'étaient pas
devenus plus sacrés. La tête de Charles Ier roula
sur l'échafaud. — L'expulsion des Stuarts fut
ensuite une nouvelle et plus décisive atteinte au
droit monarchique ; blessure profonde qui sai-
gnait encore cent ans après, et ne fut cicatrisée
que par l'extinction de la maison de Stuart, qui a
rendu la maison de Hanovre légitime à son tour.
La constitution sociale de l'Europe en fut ébran-
lée ; le droit pourtant n'avait péri qu'en Angleterre,
mais le sentiment en était resté partout affaibli,
et on en vit bientôt la preuve quand l'Europe
assista impassible à l'inique partage de la Pologne.

Pendant ce temps, au milieu de tous ces écarts et de toutes ces lâchetés de la politique, le philosophisme, fruit fatal du libre examen, jetait partout les germes empoisonnés d'une dissolution sociale, minait ce qui restait encore en Europe des fondements du droit, et en préparait le plus formidable renversement que le monde eût vu jusque-là. — La révolution française éclata, et tout fut englouti dans l'abîme. — Les rois épouvantés ne firent que de douteux et impuissants efforts pour l'arrêter. — Bientôt concentrée dans les mains victorieuses d'un soldat, elle mit en coupe réglée tous les trônes du continent, et le droit monarchique disparut presque entièrement de l'Europe ; la force seule devint la loi publique ; le vieil édifice politique, où toutes les nationalités avaient trouvé une place distincte et indépendante pour leur autonomie, s'écroula devant un fait immense qui absorba en lui tous les droits.

Ce colosse à son tour s'affaissa sous son propre poids ; les nationalités tombées ou asservies se relevèrent pour l'accabler, et le droit qu'il avait foulé aux pieds remonta sur tous les trônes d'où il avait été chassé.

IV

Ce fut une heure solennelle accordée par la Providence à l'Europe pour réparer les fautes du passé, pour reconstituer le monde politique sur la base des principes trop longtemps méconnus, pour restaurer toutes les légitimités à la fois, celles des peuples comme celles des rois. — Malheureusement les souverains coalisés n'avaient pas compris leur mission ; ils avaient marché ensemble pour opposer la force à la force, et leur victoire n'avait pas eu pour but le triomphe du droit ; ils l'acceptèrent en France quand ils le virent surgir spontanément du sein de la nation rendue par leurs armes à la liberté, et se dresser devant eux comme une apparition inattendue ; mais ils n'eurent nul souci de le restaurer en Europe pour tous et partout, pour les peuples comme pour les rois ; ils refirent arbitrairement la carte de l'Europe et fermèrent l'oreille aux cris des nationalités les plus légitimes : la Pologne ne put qu'à demi se dresser dans son cercueil ; le droit ne se tr va donc pas restauré dans toute son étendue.

Cependant sa restauration sur le trône de France semblait suffire pour fermer l'abîme des révolutions, et la légitimité royale fut d'ailleurs placée sous une sauvegarde européenne. La Sainte-Alliance proclama la solidarité de toutes les couronnes, et un nouveau droit politique fut substitué à l'empire de la force, droit incomplet et sans sanction, il est vrai, mais puissant encore et pouvant suffire à la conservation sociale, s'il avait été maintenu ; la chrétienté n'était pas refaite, mais la révolution était vaincue. On peut même croire que cette œuvre imparfaite se serait complétée peu à peu ; la France exerce naturellement une si grande initiative dans le monde, que le triomphe du droit chez elle devait en préparer le triomphe partout et en tout.

Nous n'avons pas à redire ici pourquoi la restauration du droit en France ne produisit pas les conséquences qui en étaient attendues, pourquoi elle se trouva impuissante à donner la prépondérance à tous les principes conservateurs, pourquoi, au contraire, les principes subversifs de tout ordre social se propagèrent dans son sein, et de là portèrent dans toute l'Europe une désastreuse propagande. Il nous suffit de constater que les liens de cette Sainte-Alliance, qui devait être désormais le seul palladium de l'ordre et du droit, en furent relâchés, que l'autorité morale de toutes les royautés en fut atteinte, que l'esprit de la révolution se réveilla partout plus menaçant que jamais, et que, lorsque la restauration tomba, vaincue par cette puissance fatale qu'elle avait été chargée de vaincre, les rois de l'Europe laissèrent passer la révolution, et n'eurent d'habileté et de génie que pour pactiser avec elle. La Sainte-Alliance n'existait déjà plus que de nom, et ce nom même fut aussitôt effacé.

[illegible]

V

La révolution de 1830 fut le coup de grâce porté au droit. Elle n'en fut pas seulement la violation accidentelle et locale,—il reste toujours quelque ressource contre une telle violation, — elle en fut la négation érigée en système politique; et cette négation est à l'ordre moral de la société ce qu'est l'athéisme à la religion. L'Europe n'y vit qu'un changement de dynastie, et il y avait un changement radical de la constitution européenne. Elle n'y vit qu'un roi qui s'en allait; c'était plus qu'un roi, c'était un principe, c'était la base morale de tous les trônes anciens, qui dès lors ne devaient plus reposer que sur un fondement matériel sans assises fixes ; et c'était un principe nouveau qui revenait, celui de la souveraineté du peuple, avec lequel il n'y a de possibles que de nouvelles et transitoires souverainetés.

Les deux grandes révolutions qui précédemment avaient violé le droit monarchique en Europe, celle de 1688 et celle de 1789, n'avaient pas eu lieu sans protestation. — La première avait vu du moins Louis XIV s'armer contre elle, et quand l'Europe fut amenée à l'accepter, ce fut sans renoncer au droit pour elle-même. — La seconde, dans toutes ses transformations successives, avait eu besoin de la force pour faire respecter ses faisceaux ou ses aigles par l'Europe qui les repoussait. La contrainte matérielle avait seule fait son succès, et le droit qu'elle combattait se ravivait dans les esprits et dans les cœurs pendant qu'il succombait sur les champs de bataille.

La révolution de 1830 au contraire ne s'imposa pas à l'Europe par la violence, mais en vertu d'une doctrine nouvelle qui prévalut alors dans le monde politique, parce que le monde politique avait perdu la foi dans les anciens principes conservateurs. Cette doctrine fut celle des *faits accomplis*, doctrine matérialiste qui jeta l'Europe à tous les vents des révolutions. Comme un navire sans lest lancé sur un océan orageux et hérissé d'écueils peut se soutenir encore quelque temps par sa propre masse, mais tôt ou tard doit être inévitablement brisé, ainsi tous les trônes, bien que toujours debout, perdirent la condition première de leur stabilité. S'ils ne sont pas tombés, on peut se demander : pourquoi? et quand ils tombent, nulle raison pour ne pas dire : pourquoi pas?

Leur existence, en effet, n'est plus qu'un fait plus ou moins ancien qu'un fait nouveau peut remplacer; question de temps, de circonstance, d'habileté, de maladresse, mais question fatalement suspendue sur l'Europe entière comme l'épée de Damoclès.

Comment des souverains régnant en vertu d'un droit monarchique héréditaire purent-ils accepter ou subir une doctrine qui en était la négation absolue? comment purent-ils laisser tomber sans protestation un trône qu'ils avaient vu quelques années auparavant sortir comme par miracle du milieu des ruines accumulées par la révolution, et qui leur était apparu comme une digue nécessaire contre le torrent par lequel ils avaient tous failli être engloutis pour toujours? La force matérielle ne leur manquait pas, mais elle n'était pas nécessaire; ils avaient pour eux la force morale, et devant elle, s'ils l'avaient voulu, ce fait révolutionnaire se serait affaissé de lui-même dans l'impuissance et le mépris. Il n'avait pas de racines dans les profondeurs du sol français, il était sorti comme une végétation vénéneuse des passions qui fermentaient à la surface. Deux cent vingt et une voix parjures et sans mandat l'avaient proclamé, la nation n'en était pas solidaire. Les puissances n'auraient donc pas eu besoin de l'attaquer par leurs armes, elles n'avaient qu'à le laisser à lui-même en face d'une énergique et unanime réprobation. Mais, nous l'avons dit, la politique européenne avait perdu sa règle, sa morale, sa foi; elle reconnut une usurpation qui respectait ses intérêts et promettait de ne pas troubler son repos.

Dès lors il n'y eut plus de droit politique en Europe; le pouvoir fut au premier occupant; le fait devint le dieu devant lequel la civilisation moderne fut condamnée à se courber toujours.

VI

Nous en voyons les conséquences aujourd'hui. — La doctrine des faits accomplis était un bill d'indemnité accordé d'avance à la révolution pour toutes ses audaces. Le premier usage que la révolution en fit fut de renverser le pouvoir même auquel elle en devait le bénéfice. — La république proclamée en France fut un nouveau fait accompli. — L'Europe s'en alarma, mais elle s'était ôté toute raison pour le contredire. — Depuis, d'autres faits se sont accomplis encore, et tout récemment l'Italie, devenue le principal théâtre de la révolution, a vu les changements se succéder les uns aux autres avec une facilité toujours croissante. Quatre trônes y sont déjà tombés; un autre, amoindri et mutilé malgré l'auréole sainte qui l'environne, ne doit qu'à une force étrangère de n'avoir pas encore entièrement disparu. — Mais la révolution sait que sa chute totale ne serait qu'un fait de plus contre lequel la politique européenne ne saurait logiquement protester, et la révolution prépare avec confiance le jour et l'heure de son accomplissement. — Quand ce jour arrivera, car la logique des choses et des idées le rend tôt ou tard inévitable, et la Providence seule pourrait y faire obstacle par une miraculeuse intervention, quand ce jour arrivera, l'Europe, qui a laissé tomber Charles X et s'est même accommodée de sa chute, l'Europe qui vient de voir, indifférente ou impuissante, disparaître à la fois en Italie quatre trônes légitimes et la révolution triompher sur leurs débris, l'Europe qui a laissé partout le droit à la merci de la force et ne connaît plus d'autre règle que le fait accompli, l'Europe ne s'inclinera-t-elle pas en effet?

Ah! sans doute, le trône pontifical a quelque chose d'exceptionnel qui ferait retentir sa chute non-seulement en Europe, mais dans le monde entier; sans doute des intérêts supérieurs à ceux de la politique s'y rattachent; sans doute le caractère particulier de celui qui l'occupe le couvre d'une égide plus sacrée; sans doute il n'y a que des mains sacriléges qui puissent y toucher; mais enfin une fois abattu, une fois ce grand attentat consommé, par quelle logique l'Europe pourrait-elle ne pas le reconnaître, si le Pontife paraissait être libre quand le roi serait découronné?

Il n'y a pas de mesure intrinsèque dans le droit; un droit peut être plus important qu'un autre droit, il ne peut pas être plus juste; le droit du trône pontifical, malgré le but providentiel qui l'a fait établir, malgré l'auréole sacrée dont il est entouré, n'est pas d'une nature différente du droit des autres trônes. Jésus-Christ n'est pas venu en personne couronner son vicaire; le bandeau royal en descendant sur le front des pontifes romains a passé par la main des hommes, comme la couronne de tous les rois légitimes; la Providence a caché la sienne, elle a voulu que le Pape devînt roi par le droit de son élection, comme elle a voulu que les souverains héréditaires devinssent rois par le droit de leur naissance.

Ainsi c'est sur la base du droit monarchique que repose la souveraineté pontificale, et si ce droit n'est plus rien dans la politique, il n'y a plus à Rome qu'un pontife. La couronne de Pie IX n'est plus qu'une sainte auréole rayonnant sur son front, et non plus un symbole de puissance terrestre, comme la couronne fermée et surmontée d'une croix des autres rois n'est plus l'emblème fidèle de leur pouvoir et de leur droit, mais un simple signe d'un passé qui n'est plus. — Les vaillants champions de la souveraineté pontificale qui ont été verser leur sang à Castelfidardo pour la défendre se sont trompés; ils n'avaient pas à mourir pour un roi, mais pour un père.

VII

Cependant une école catholique s'obstine à séparer la cause du trône pontifical de celle des autres trônes légitimes. Celle-ci n'est rien à ses yeux ; elle aussi accepte les faits accomplis pourvu qu'ils ne touchent pas à la tiare, et s'accommodant avec toutes les révolutions, elle aimerait voir la Papauté s'en rendre complice pour en tirer profit. Nous n'ignorons pas les prétextes dont elle appuie cette politique : marcher avec son siècle, concilier l'Eglise avec les idées modernes, la dégager de toute solidarité avec les pouvoirs temporels, l'affranchir des haines de la révolution, etc.

Tout cela est beau, mais tout cela est une erreur. — L'Eglise ne marche pas avec un siècle, elle marche avec tous, mais toujours pour les éclairer, les diriger dans les voies de la loi divine et jamais à leur suite; sa destinée embrasse le passé, le présent et l'avenir, et dans tout le cours des âges, elle est toute conciliée d'avance avec les idées qui ne blessent ni la foi, ni la morale, ni le droit, et repousse toutes celles qui y sont contraires; l'Eglise n'assume aucune responsabilité avec les pouvoirs temporels; d'où qu'ils viennent, et quelle que soit leur forme, elle les respecte dans tous leurs actes politiques qui ne touchent pas aux intérêts spirituels dont elle est la gardienne ; mais elle les pèse au poids du sanctuaire, et ne confond pas un pouvoir légitime avec un pouvoir usurpé; l'Eglise enfin ne provoque aucune haine, mais elle s'honore de celles de la révolution, parce que c'est le bien, c'est l'ordre, c'est la justice, c'est le droit, c'est toute la loi divine que ces haines poursuivent en elle.

Ainsi cette école catholique, dont nous ne méconnaissons pas les intentions et le dévouement, se trompe en voulant sauver la Papauté par des moyens inconciliables avec sa mission, en confondant son droit monarchique avec son caractère divin, en isolant le premier dans la sphère qui ne convient qu'au second et où tout point d'appui humain lui manquerait. — Sans doute l'on peut et l'on doit faire valoir pour la défense de la souveraineté pontificale tous les motifs tirés de l'intérêt religieux qui militent en sa faveur, le besoin pour toutes les consciences catholiques de ne dépendre que d'une autorité spirituelle indépendante, et l'impossibilité, dans l'état actuel du monde chrétien, de garantir cette indépendance sans une souveraineté temporelle qui lui serve d'égide. — Mais ces arguments ne touchent pas les nations protestantes et schismatiques, et une foule même de catholiques honnêtes, sans préjugés hostiles, ne les comprennent pas. L'intérêt de la religion ne leur paraîtrait nullement compromis, peut-être même le croiraient-ils mieux assuré si son chef, débarrassé du lourd fardeau d'un gouvernement terrestre et de toutes les entraves de la politique mondaine, n'avait plus à s'occuper, comme avant Constantin, Pepin et Charlemagne, que du gouvernement spirituel des âmes, et si au lieu d'une déchéance totale, il ne s'agissait que de restreindre la souveraineté du Pape dans des limites plus étroites, s'il ne s'agissait que de l'abandon des provinces qui lui ont été enlevées, en lui conservant sa capitale, ces honnêtes catholiques, qui ne croient pas au droit monarchique, ne seraient-ils pas fondés à dire : Vous voulez que le Pape soit roi pour être indépendant, mais qu'importe que ses Etats soient plus ou moins considérables, il suffit que sa royauté rayonne autour du Vatican ; sa domination lointaine sur la Romagne, les Marches et l'Ombrie n'est pas nécessaire, c'est un embarras au contraire dont il est bon de le délivrer.

Pour rallier à la défense de la souveraineté pontificale ces esprits trop confiants qui ne voient pas dans cette question les piéges et le but de la révolution, il faut les amener sur le terrain du droit et de tous les intérêts sociaux dont le droit est la seule garantie durable.

Dites-leur que le droit est une chose sainte, que sa violation sur le trône ou dans une chaumière, sous une couronne ou sous une tiare, est toujours une atteinte dangereuse au cœur de la société, que cette atteinte devient mortelle quand elle va jusqu'à la méconnaissance ou la négation, et ajoutez : Malheur alors aux peuples comme aux rois, aux rois comme aux peuples qui s'en rendent coupables, tôt ou tard le châtiment les attend !

Dites-leur que le Pape est roi *de droit* comme tous les souverains légitimes, et que si cette royauté, la plus ancienne et la plus sacrée de toutes, tombe après tant d'autres, la révolution aura bientôt consommé partout son anarchique triomphe.

Dites-leur que tous les droits sont solidaires, qu'en violer un quelque part, c'est les violer tous et partout ; que livrer à la révolution le moindre des pouvoirs légitimes, c'est mettre en question l'existence sociale de tous les peuples.

Dites-leur que la conservation de l'ordre social est attachée à la conservation de tous les pouvoirs légitimes, et surtout de celui qui est comme le patrimoine commun de tous les peuples catholiques, parce qu'il protége le grand intérêt commun de la liberté des consciences ; que la chute du trône pontifical, conséquence logique de tant d'autres chutes acceptées par la politique depuis 1830, serait, si l'Europe la laissait accomplir aussi sans une énergique et universelle protestation, l'infailllible et immédiat prélude de celle de tous les trônes que n'a pas encore broyé le char triomphal de la révolution.

Dites-leur cela, et ils comprendront, et vous aurez rallié autour du trône pontifical tous les instincts et tous les intérêts conservateurs. Mais vouloir sauver ce trône en abandonnant en proie à la révolution tous les autres, n'appeler à son secours que les intérêts religieux, prétendre en faire une institution inaccessible à la politique parce qu'elle sert de sauvegarde extérieure à la religion, vouloir enfin être royaliste à Rome seulement, et n'être que catholique partout ailleurs, c'est un rêve, c'est une illusion qu'une dernière et triste expérience aura bientôt dissipée ; et ce n'est pas ainsi que Pie IX a compris sa défense : il s'est placé sur le terrain du droit monarchique, et l'a revendiqué hautement pour les autres souverains légitimes comme pour lui-même.

VIII

En vain la politique s'ingéniera-t-elle à trouver des combinaisons pour sauver le trône pontifical, tandis que les autres, considérés comme des faits plus ou moins anciens ou plus ou moins nouveaux, mais également indifférents, seraient abandonnés au mouvement révolutionnaire qui entraîne le monde.

On a imaginé les Etats pontificaux garantis par une neutralité reconnue par toute l'Europe. Assurément ce serait bien la meilleure condition qui pût leur être faite dans la situation actuelle du monde politique. Mais que vaudrait la garantie de l'Europe, tant qu'elle restera dépourvue elle-même de toute garantie? Ce ne serait qu'une force matérielle mise momentanément au service d'un intérêt commun; ce ne serait pas un droit sanctionné par d'autres droits similaires, l'Europe s'est mise dans l'impuissance d'en reconnaître aucun; elle n'en a plus elle-même, les faits sont tout pour elle, et sa politique n'aurait constitué qu'un nouveau fait politique. Combien de temps durerait ce fait? Combien de temps l'Europe trouverait-elle son intérêt à l'appuyer? La politique des intérêts est si changeante, ses œuvres sont si fragiles, elles dépendent de tant d'événements! Un accord de toutes les puissances sur une même question est si rare, si peu durable, surtout quand il s'agit d'une question qui n'a pas le même intérêt pour toutes!

En supposant donc que les gouvernements protestants ou schismatiques faisant taire, en faveur de leurs sujets catholiques, leurs antipathies naturelles contre l'institution de la Papauté, fussent amenées à un accord avec les puissances catholiques pour la conservation des Etats du Saint-Siége, et la garantie de leur neutralité, cet accord ne saurait leur assurer qu'une protection momentanée soumise à tous les revirements de la politique, et cette protection purement matérielle n'aurait réalisé qu'un fait matériel sans garantie morale. — Le Pape resterait roi par la grâce de l'Europe, et non plus par la grâce de Dieu.

En attendant cet accord bien difficile et peut-être impossible des puissances européennes pour garantir la stabilité du trône pontifical, la protection des armes françaises lui est en ce moment accordée; les soldats de la nation très-chrétienne, de la fille aînée de l'Eglise, montent la garde aux portes du Vatican. — Cette protection ira-t-elle jusqu'à rendre à cette couronne mutilée les fleurons qui en ont été détachés par la violence? C'est le secret de la politique, et ce serait l'œuvre de la politique. Mais même alors, répétons-le, le droit, momentanément sauvé à Rome par la force, manquerait de garantie morale; ce ne serait pas un droit maintenu par le droit et en vertu du droit, un droit se rattachant à un système général de droit politique reconnu comme la base de tous les Etats et la loi suprême de tous les gouvernements; la force qui l'aurait soutenu isolé parmi tant d'autres ruines ne pouvant être permanente, tôt ou tard il se trouverait sans appui; on n'aurait fait qu'une halte sur le chemin qui conduit fatalement à la déchéance. — Et si cette protection se bornait à conserver au Pape ce qui lui reste de ses Etats, ce serait la consécration définitive de la spoliation déjà consommée, ce serait par conséquent la violation du droit tout entier, car le droit ne se scinde pas, il existe tout entier ou n'existe pas.

Or, depuis 1830, on ne saurait trop le redire, l'Europe ne peut plus rien garantir que par la force; elle ne peut que créer ou reconnaître des faits, et cette reconnaissance ne peut durer que jusqu'à nouveaux faits contraires. Le droit n'étant plus la règle de sa politique, rien ne peut

être durable ; elle est condamnée à de perpétuel-
les variations, et la révolution qui profite de son
impuissance morale lui enlève même quelquefois
la force matérielle qui serait sa seule ressource,
en suscitant des faits formidables devant lesquels
elle est réduite à trembler. — Sa lâcheté de 1830
fait son impuissance d'aujourd'hui.

———

IX

Tant que l'Europe n'aura pas renoncé à la funeste doctrine des faits accomplis, tant qu'elle ne se sera pas reconstituée sur la base du droit, il n'y aura de possible et de durable que la continuelle succession des faits révolutionnaires; tous les trônes encore debout resteront condamnés à une chute inévitable; celui du Pape ne sera pas plus respecté, moins encore peut-être que les autres, parce qu'il est plus faible, et que la puissance de la tiare, bien loin de suppléer à sa faiblesse, comme autrefois, servira de prétexte et d'excuse pour le renverser, car on fléchira les genoux devant le Pontife, en abattant le roi. Il ne pourrait être sauvé, comme tous les autres trônes légitimes, que par le principe de la légitimité prévalant dans toute l'Europe. *Si Pergama dextra defendi possent, etiam hac defensa fuissent!*

Bien aveugles donc sont ceux qui croient pouvoir maintenir la souveraineté papale en abandonnant à la révolution les autres souverainetés. Elles se tiennent toutes par un lien moral. Quand ce lien est rompu, elles chancellent toutes sur leur base ruinée ; une chute entraîne une autre chute ; un peu plus tôt, un peu plus tard, toutes doivent tomber, et c'est en 1830 qu'a sonné le premier glas de leurs funérailles.

On l'a trop longtemps méconnu ; trop longtemps on s'est endormi dans une sécurité trompeuse ; les événements de nos jours sont bien faits pour la dissiper. Puissent ces leçons redoutables réveiller l'Europe et lui montrer l'abîme qu'elle s'est elle-même creusé sous les pieds ! Déjà quelques signes avant-coureurs de ce réveil se montrent à l'horizon. Le roi de Prusse vient d'avoir le courage bien rare aujourd'hui d'affirmer son droit en face de la révolution qui le menace. Que tous les autres souverains osent en faire autant, mais que cette audace ne soit pas égoïste, qu'elle s'étende partout où un droit quelconque est violé, droit de rois, droit de peuples, n'importe : le droit est toujours le droit ; et cette affirmation, si elle était unanime, si elle était généreuse et désintéressée, si elle était un véritable retour à la justice et à tous les principes conservateurs qui sont la vie des sociétés, suffirait seule pour faire reculer la révolution, qui a puisé toute sa force dans la faiblesse des rois.

Serait-ce trop tard aujourd'hui ? Les faits révolutionnaires que l'Europe impassible ou tremblante a laissé s'établir sont-ils devenus si puissants qu'elle soit condamnée à les subir ? Trop tard pour la force matérielle, c'est possible ; le mal d'ailleurs qu'il s'agit de guérir n'est pas guérissable par cette force. Mais il n'est jamais trop tard pour la protestation, pour le recours à la force morale, à l'affirmation de la justice et du droit.

X

Si cette affirmation avait lieu, si l'Europe replacée sur sa base morale y cherchait la règle de sa politique, toutes les questions qui sont pour elle insolubles aujourd'hui, qu'elle n'ose aborder, et qu'elle est obligée de livrer au courant des événements, seraient bientôt jugées.—Un peuple revendique sa liberté, sa nationalité ; un roi dispute sa couronne aux factions ; une révolution éclate quelque part ; un empire agonise dans l'impuissance ou l'anarchie ; une ambition démesurée convoite un agrandissement injuste ; l'Europe demanderait où est le droit, et ce droit reconnu, elle dirait à la force : Tu n'iras pas plus loin ! Et la force reculerait partout devant le droit, et la révolution vaincue s'épuiserait en vains efforts pour bouleverser le monde.

L'Europe dirait à l'Italie : Vous avez le droit d'être affranchie de la domination étrangère, mais vous n'avez pas le droit de chasser les princes légitimes qui vous gouvernent, et de troubler le monde en faisant régner la révolution à leur place. Elle dirait au Piémont : Vous n'avez pas

le droit d'absorber toutes les nationalités italien-
nes, d'envahir et de vous assimiler des Etats indépendants comme vous, des Etats libres qui sont
membres comme vous de la famille des nations
européennes. Ces princes dont vous usurpez la
couronne sont aussi Italiens ou plus Italiens que
vous; ces provinces romaines que vous vous êtes
assujetties sont le patrimoine légitime du Père
commun de tous les catholiques du monde, et le
patrimoine d'un père appartient à ses enfants.—
Si l'Europe pouvait tenir un tel langage, la question italienne ne serait-elle pas résolue?

. L'Europe dirait au czar : La Pologne vous a
été livrée, mais non pas immolée; en régnant
sur elle vous avez contracté l'obligation de respecter son autonomie, sa liberté, son indépendance, sa religion ; vous n'avez pas le droit d'en
faire une province russe. Et elle dirait à la Pologne : La turbulence orageuse de votre républi-
que-monarchie vous a rendue incapable de fonder
un gouvernement calme et stable, une dynastie
nationale qui par son droit pût faire contre-poids
dans la balance de vos destinées, garantir l'ordre
et la permanence dans vos institutions ; l'anarchie
vous a soumise à des maîtres étrangers; vous
avez le droit de leur demander protection pour
tous vos intérêts moraux et matériels, respect

pour votre nationalité; mais vous n'avez pas le droit d'appeler en toute occasion à votre secours la révolution qui menace tous les trônes, qui est l'ennemie de toutes les libertés, et qui serait plus hostile à votre foi, plus funeste à vos institutions nationales que la domination étrangère qui vous a été imposée; vous atteler à son char, vous faire complice de tous ses triomphes, lui donner l'appui de vos insurrections et de vos armes, c'est attenter à tous les gouvernements légitimes; c'est vous préparer à vous-même une irrémédiable ruine; vous n'en avez pas le droit; c'est d'un autre côté et par d'autres moyens que vous devez attendre votre entière délivrance.

L'Europe dirait à l'Irlande : Persévérez dans la voie que vous a ouverte votre immortel O'Connell; gardez-vous toujours de tout pacte avec la révolution; réclamez toujours avec la même énergie, mais la même patience et le même respect pour vos souverains légitimes, la liberté pour votre religion, l'indépendance pour vos institutions nationales, votre réintégration dans tous vos droits et dans votre autonomie méconnue. Déjà les plus lourdes de vos chaînes ont été brisées, vous avez le droit de demander qu'elles tombent toutes. — Et l'Europe dirait à l'Angleterre : Le joug de fer que vous avez fait peser sur l'Irlande est une iniquité ; vos lois draconiennes sont la honte de notre civilisation ; vous provoquez partout les autres peuples à la liberté, et vous foulez aux pieds une nation esclave ; c'est un outrage à la morale publique, un attentat au principe du droit qui nous régit ; vous n'avez fait justice qu'en partie, achevez, il en est temps ; toutes les nations chrétiennes l'attendent de vous. — L'Irlande tressaillirait d'espérance, l'Angleterre ne braverait pas l'Europe entière lui parlant ainsi.

L'Europe dirait à la Turquie : Nous avons fait de vains efforts pour vous sauver du mal qui vous consume, pour ranimer la vie qui vous échappe ; nous vous avons admise à prendre part au concert européen, au milieu de ces nations chrétiennes dont vous avez été pendant tant de siècles la redoutable ennemie ; nous vous avons demandé pour prix de notre généreux appui la liberté de vos sujets chrétiens ; vous nous l'avez promise, et cette promesse n'a été qu'un vain mot ; vous avez été impuissante à la tenir ou malveillante pour l'éluder. Quelque ancienne qu'elle soit, votre domination sur des peuples chrétiens n'a jamais été que la domination du sabre : le sabre ne fait pas la légitimité. Retournez en Asie d'où vous êtes venue, et où vous trouverez des peuples barbares auxquels conviendra votre barbare civilisation. — Et l'Europe dirait aux chrétiens de l'empire ottoman : Vous êtes libres, nulle domination étrangère ne viendra plus s'imposer à vous ; constituez-vous selon vos diverses nationalités ; choisissez-vous des gouvernements indépendants et qui se respectent les uns les autres ; faites régner l'ordre en même temps que la liberté là où il n'y avait auparavant qu'anarchie et servitude ; vous aurez les sympathies, les conseils et l'appui des puissances qui vous ont délivrés.

Tel serait le langage de l'Europe, si le droit devenait la condition fondamentale de sa constitution, et l'âme de tous ses conseils, et il n'y a pas de rois si puissants, de peuples si rebelles, qui ne fussent obligés de s'incliner. C'est ainsi que se résoudraient pacifiquement toutes les questions qui l'agitent et la menacent aujourd'hui.

XI

Mais n'est-ce pas un rêve que nous avons fait ? N'est-ce pas une utopie non moins irréalisable que la paix perpétuelle de l'abbé de Saint-Pierre ? Nous ne l'ignorons pas, et nous ne voulons pas poursuivre une chimère : jamais un tel concert de vues équitables et désintéressées ne pourrait être durable dans la politique ; les intérêts égoïstes y ont toujours joué et y joueront toujours un grand rôle ; il y aura toujours des rivalités de peuples, des ambitions de rois ; des guerres, des conquêtes pourront en être la suite. — Nous n'avons pas dit que les passions humaines dussent toujours et partout faire silence aussitôt que le droit aurait été proclamé comme la base de tous les pouvoirs humains. — Nous n'avons pas oublié ce que nous disions tout à l'heure du partage de la Pologne, à une époque où le droit n'avait pas encore été effacé du code de la politique ; mais en disant cela nous avons fait remarquer que si ce droit subsistait alors, le sentiment en était déjà beaucoup affaibli, et que l'Europe glissait sur la pente qui devait aboutir à la révolution française; nous avons aussi ajouté cette observation, que les atteintes au droit n'étaient alors qu'accidentelles et partielles, tandis que nous sommes aujourd'hui en présence d'un système de négation absolue du droit.

Nous n'avons pas oublié non plus que le droit européen, s'il était rétabli, manquerait aujourd'hui totalement de cette sanction suprême que les peuples lui avaient donnée au moyen âge dans la suprématie politique de la Papauté. Dans les contestations de roi à roi, ou de peuple à peuple, nulle décision souveraine ne pourrait résoudre pacifiquement la question; chaque partie serait également fondée à prétendre avoir le droit en sa faveur; dans tous les cas particuliers le droit n'est pas toujours si manifeste qu'il s'impose de lui-même à la conscience universelle.

En supposant l'Europe ramenée maintenant au grand principe du droit par les dures leçons de l'expérience et les terribles menaces de l'avenir, et en en faisant l'application aux questions diverses qui la préoccupent en ce moment, nous avons voulu seulement montrer que le droit en lui-même, s'il était partout admis et respecté, serait aussi efficace pour le bonheur des peuples

que pour la stabilité des pouvoirs. — Il en est
du droit comme de la religion : la société ne peut
pas plus se passer de l'un que de l'autre, bien que
l'un rencontre des passions injustes et l'autre des
opinions athées qui échappent à leur empire.
Parce que la religion n'est pas pratiquée par
tous, dira-t-on qu'elle est inutile, et parce que le
droit n'est pas toujours respecté, dira-t-on qu'il
vaut mieux qu'il n'y ait pas de droit?

Ce qu'il y a de certain, c'est que cette grande
notion du droit fait aujourd'hui défaut à la société politique, et que son absence est la cause
directe ou indirecte de toutes les difficultés ac-
tuelles. Toutes les questions, n'étant plus envisa-
gées qu'au point de vue des intérêts, restent
insolubles ou ne reçoivent que des solutions
transitoires, contre lesquelles s'élèvent bientôt
d'autres intérêts.

Mais ce ne sont pas les conflits inévitables ré-
sultant de ces intérêts divers que nous avons prin-
cipalement en vue de prévenir en invoquant le
droit comme base de toutes les constitutions européennes. — Au-dessus de ces intérêts qui peuvent diviser les peuples et les rois, il y a un intérêt plus grand, commun à tous et qui importe
plus que tout autre à la conservation sociale, c'est
celui de la stabilité des pouvoirs légitimes, sans

laquelle les peuples sont livrés à l'anarchie ou à la servitude.

Or le droit dans son application aux souverainetés diverses qui gouvernent les peuples n'est pas contestable et douteux. comme il peut l'être quand il s'agit des simples intérêts ressortant des relations internationales. Il n'est pas difficile à la conscience publique de dire : la légitimité est là. C'est donc un droit visible et palpable, pour ainsi dire, que nous invoquons, quand nous convions les rois de l'Europe à ne le laisser périr nulle part, à l'affirmer en toute occasion, et à relever leur bannière qu'ils ont tous plus ou moins abaissée devant la révolution; et nous les y convions, parce que c'est le seul moyen d'arrêter dans sa marche l'ennemi qui les menace tous. Autrement la révolution poursuivra son œuvre ; les obstacles que la politique pourra lui opposer parfois ne l'arrêteront pas; la force pourra la comprimer pour un temps, mais elle se relèvera plus puissante que jamais; les concessions qui lui auront été faites par l'abandon des souverainetés déjà vaincues par elle, l'encourageront à de nouvelles entreprises; les trônes abattus lui serviront de marchepied pour monter à l'assaut des trônes encore debout, et bientôt elle régnera sur le monde. Sans le droit, les pouvoirs les plus forts ne peuvent rien contre elle, ils la servent même malgré eux : car tout ce qui est illégitime lui appartient et fait son œuvre, et ils réalisent son but, même quand ils veulent la dominer.

Le droit donc, le droit, voilà le seul terrain sur lequel la cause de l'ordre, la cause des trônes légitimes, et plus particulièrement encore la cause du trône pontifical dépourvue de toute force matérielle qui lui soit propre, puisse triompher; voilà la seule arme efficace contre la révolution, et c'est parce que les rois s'en sont dessaisis, c'est parce qu'ils ont laissé tomber le droit à côté d'eux quand ils pouvaient le défendre, c'est par ce qu'ils ne voient que des questions d'Eglise, d'équilibre territorial, de balance politique, dans des questions de droit, qu'ils sont eux-mêmes menacés de tomber à leur tour.

L'Italie est en ce moment le champ de bataille où se débat leur destinée; s'ils laissent la révolution y achever son triomphe, s'ils ne protestent pas efficacement contre les faits accomplis, s'ils laissent s'écrouler le trône pontifical, dernier asile du droit monarchique sur cette terre bouleversée, s'ils comptent uniquement sur leur force matérielle pour leur propre défense, ils sont perdus. L'arrêt qu'ils ont prononcé contre eux-mêmes le jour où ils abandonnèrent Charles X, sera confirmé sans appel, et tôt ou tard la révolution l'exécutera. — Quand sonnera l'heure de cette universelle expiation? Dieu seul le sait; mais nous connaissons la date de la condamnation : c'est 1830.